もくじ

はじめに　保育士や幼稚園、学校の教員の皆さまへ……………………3

第1章　DV被害女性へのインタビュー調査から

1. 保育士さんに言われて嬉しかった言葉や出来事 ……………………4
2. 保育士さんに言われて嫌だった言葉や出来事 ………………………6
3. 保育士さんに、DV被害を念頭に入れて、自分の子どものことで
   気配りをしてほしいこと ………………………………………………8
4. 保育士さんに、DV被害について知っておいてほしいこと ………9

第2章　ドメスティック・バイオレンス（DV）被害について

1. ドメスティック・バイオレンス（DV）とは何か？………………12
2. DVで起きる暴力とは、どのようなものか？ ………………………13
3. DVで起きている暴力にはサイクルがある …………………………14
4. DV被害を受けている人は、身近にたくさんいる …………………15
5. 面前DVとは何か？ ……………………………………………………16
6. 面前DVによる脳の傷は治らないのか？ ……………………………18
7. DV被害から受けた心の傷 ……………………………………………19
8. 「過去の心の傷」は治らない。「傷に影響を受ける今」と
   折り合いをつけて、変えていく ………………………………………20
9. ひとりぼっちではない！ ………………………………………………21

おわりに ………………………………………………………………………23

はじめに

保育士や幼稚園、学校の教員の皆さまへ

　ドメスティック・バイオレンス（DV）とは、「配偶者、元配偶者、または親密な関係にある／あった者から振るわれる暴力」と、内閣府では定義しています。2018年の内閣府「男女間における暴力に関する調査報告書」によると、女性の31.3%（約3人に1人）、男性の19.9%（約5人中1人）が「配偶者から1度でもひどい暴力を受けたことがある」と回答しています。

　お子さんのいるDV被害者が、加害者のもとから逃げてひとり親になることを選択しようとするとき、お子さんを保育園に預けて、生活の再建をはかります。一方で被害者の方は、逃げた後に体調を崩すことも多く、保育園、児童相談所、児童養護施設、学校、学童クラブ等の教員や職員の皆さまの力添えは、とても大切な力となります。

　このように保育士や教職員の皆さまは、DV被害を受けた親子と接することが、必然的に多い職業ではありますが、家庭内等で起きているため、理解をすることに苦慮することが多いと思います。

　この本は、DV被害を受けた親子と接する機会の多い職業に従事している方が、DVについて少しでも理解を深めていただければと思い、書いたものです。

第1章　DV被害女性へのインタビュー調査から

　子どもを保育園に預けたことがある DV 被害女性 7 名に、「保育士さんに言われて嬉しかった言葉や出来事」、「保育士さんに言われて嫌だった言葉や出来事」、「保育士さんに、DV 被害を念頭に入れて、自分の子どものことで気配りをしてほしいこと」、「保育士さんに、DV 被害についてどういうことを知ってほしいか？」の 4 点について、自由にお話をしてもらいました。当時者の率直な声に耳を傾けることが、理解を深めるために、最も大切なことだと感じたからです。

1．保育士さんに言われて嬉しかった言葉や出来事

■ 保育園が配慮してくれているな、と感じたことなのですが、行事のときの写真を掲載してよいかどうかの確認が、保育士さんからあった。「もちろん、やめてください」と言ったのですが、聞いてくれたことが妙に嬉しかった。
　逃げる前に通わせていた保育園の保育主任の先生が、私が突然、「退園します」と言ったとき（たぶん、前例があったのか、お姉ちゃんの小学校と連携があったのかわかりませんが）、詳しいことを聞くこともなく、ふつうに対応してくれました。「また、落ち着いたら連絡くださいね」、とだけ言ってくれた。
　1 年後に落ち着いたので保育園の先生に連絡を入れて、訪れてみたら卒園アルバム的なものが出来ていて渡されたのが、とても嬉しかった。
（Aさん）

■ 子どものよい変化を見過ごさないで、共感して喜んで、「こんな○○なことができましたよ」、と報告してくれたことが嬉しかった。（Bさん）

■ 保育園に入った直後に、まだ離婚が成立していない夫が、万が一、園に来た場合の対応などを一緒に考えてくれた（副園長先生と担任の先生と私の3者）。あくまで、こちらの要望を優先しようと真剣に考えてくれる姿勢がとて

も嬉しかった。また、「愛情いっぱいに優しく育っていますね」と言葉をかけてもらえた時、本当に嬉しかった。主任の先生が、環境の変化が苦手な息子に優しく接してくれて、保育園のお母さんのような存在になってくれた。どの先生も、ひとり親であることを気にせず、他の子と平等に私たち親子に接してくれた。(Cさん)

■ たくさんありますね。うちの子は多動だったので、教室をとびだしたりしていたので、園長先生が事務室で膝にのせてお弁当を食べさせてくれたりして、他のお母さんからやっかみを受けたくらい、関わってもらいました。(Dさん)

■ 入園の時から、名字を戸籍のもの（夫の姓）ではなく、旧姓（私の姓）にしてもらえたことや、ひとり親であることを少し引け目に感じていた時、「全く気にすることはない」と言ってもらえたこと、また私が面会交流をどうしようか悩んでいたときに、担任や園長先生から、子ども達が父親との面会交流を望んでいる、ということを教えてもらえたことが嬉しかった。(Eさん)

このように、保育士のみなさんが気付いていないような言葉や出来事を、当事者の方たちは嬉しいこととして記憶しています。インタビューをしながら、「そんな優しい言葉を言われたのですね。それは嬉しいですよ」と、胸が温かくなりました。みなさんの何気ない言葉で励まされているDV被害親子は、たくさんいらっしゃることを知ってほしいと思います。

2. 保育士さんに言われて嫌だった言葉や出来事

■ 逃げてきて1年で、まだ離婚調停中なのですが、子どもだけ、新しい土地の小学校や保育園で私の旧姓に戻しています。しかし、公式書類は夫の姓になっています。その時、保育園の先生が間違えて、役所に私の旧姓で出してしまい、役所に呼び出されました。書類を提出するときは確認をしてくれればいいのに、コミュニケーションが少ない保育園なので謝罪もなく、それどころか、主任の先生から「え？ まだ離婚してなかったのですか？」と言われて傷ついた。保育士さんにあまり知識がなかったのかもしれない。

それにしても、DVで逃げてきているということを知っていて、保育士さんが身構えてか、私にだけ話しかけてくれない。偏見があるのかな？ 気さくに話しかけてくれればいいのに、何かあるのかな？ DV被害者だからかもしれないけど、日常の様子を気さくに教えてくれればいいのですが、保育士さん側からは、一切ないのです。連絡帳も3歳以上は無い保育園だし。こちらから話しかければ、話してくれるのですが……。

一番してほしいことは、普通の家庭と同じにしてほしい。DV家庭だから気をつけなければいけないと思っているのだろうけど、とらわれないでほしい。（Aさん）

■ 離婚直後、「子どもの姓をどうしようかと思う」と相談したら、「保育園にいる間は、子どもの姓は変えないほうがいいと思います」と言われた。クラスの子どもがわからないで古い姓で呼んで、本人を傷つけてしまうことが起きるから、と言われた。子ども主体でアドバイスをくれたのだろうけど、家庭によっては、ケースバイケースだと思う。たまたま、うちは卒園までもうすぐだったから納得がいったけど（結局、今も変えていない）。

「子どもさんのために、お休みをとってあげられませんか？ お盆のときとか」と、家庭の状況を理解してくれないとき傷ついた。自分だって休んで子どもと一緒に過ごしたいと思うけど、それができない現状だから。手紙でもらってしまったから目に入ってきてしまうし、声もイメージできてしまう。子どもに寄り添いたいけど、誰も助けてくれない家庭環境だから、できないのを理解してほしい。家庭状況、理解していないのかな、この先生。働かなけ

れば給料をもらえないよ。「みんなと同じことをしてあげてください」って聞こえる。この保育士さんにはDVの経験はないから、わからないのだろうと思ってしまう。

　私は今、夫もいないし、実家で暮らしているわけではないし、派遣社員だし。家庭状況を知っているのに、「何で、ひどい」と、保育園の先生との信頼関係がぷつっと切れてしまう。どんなに謝られても、この先生に対しての信頼感は回復しない。被害者で、生活そのものを戦っている最中だから過敏に反応しすぎてしまうのかもしれないけど、マイナスにとらえすぎてしまうのかもしれないけど、私だって、仕事を休みたいけど休めないという葛藤がある。こういう状況下にいるから、気持ちに余裕がないから、言葉ひとつで傷ついたり、傷つかなかったり、寂しかったり、悔しかったりする。(Bさん)

■　「母の日」は母親の絵を描くのに、「父の日」はクラス全員が「家族の絵」を描かされていた。我が家に配慮しれくれているとは思ったが、うちが母子家庭だから、他のお家も一律に家族の絵を描くことになっているのかなと思い、胸が痛んだ。(Cさん)

　3名の母親のお話からわかることは、人によって捉え方が違い、中にはとても混乱をしている母親もいます。保育園の先生は、相談されたから答えているにもかかわらず、悪く捉えられてしまうこともあります。また保育園の先生や学校の先生は、八つ当たりをするのに丁度よい対象にされてしまうこともあります。

「このような状況に巻き込まれてしまったら大変だ」と思った先生方もいると思います。「だから、DV被害家庭には、何を話せば良いのかわからない」と思うこともあるでしょう。とても状況が厳しい人もいるということを知っていただき、「こちらの言葉を、すべて悪く思われてしまうこともある」と、割り切っていただきたく思います。そうすることにより、保育園の先生や学校の先生方の気持ちが、少しでも楽になっていただけると嬉しいです。

3. 保育士さんに、DV被害を念頭に入れて、自分の子どものことで気配りをしてほしいこと

■ 子どもは、なんで保育園を変わるのかとかわかっていないので、混乱していて、ちょっとしたことでダダをこねたり、キーキーしたりで、保育園では手がかかる子でした。そんな時に面談で、「1回では言うことを聞きません」とか、子どものダメなところを伝えてくれるのだけど、子どもの心理をもっと勉強してほしい。DV被害と関係して起こっているのだから。(Aさん)

■ DVの経験がない家庭と、同じには接してほしくない。言葉かけとか、**心が傷ついていることを念頭に接してほしい。**他の子と同じように接しなければいけないのはわかるけど、**深く傷ついていることを念頭においてほしい。**傷ついているし、疲れてしまっていることを理解して、共感してほしい。病気の子というのではなく、「心が傷ついて疲れている子」というのを忘れないでほしい。(Bさん)

■ 万が一、夫が園に来たときの対応を皆で共有し、何かあった場合は、すみやかに警察を呼んでほしい。また毎年、年度初めに面談をして、離婚の進捗や状況を話しあう時間を取ってくれたことが良かった。(Cさん)

　Cさんのように具体的に気配りしてもらって嬉しかったことを述べていただけたことは、とても参考になると思います。離婚のことを聞かれたくない人も、中にはいますが、書類や子どもに配慮をしていくうえで聞く必要があることもありますので、年度初めに面談をするのが良いかもしれません。

　子どもさんが傷ついていることはわかっていても、すべて共感して、わがままを受け入れることは、子どもにとって良くないことです。悪いことをしたら「悪い」と、母親が教えることができていない部分を、保育園で教えていくことの方が大切です。そうしないと、卒園後の集団生活に入れなくなってしまいます。

4．保育士さんに、DV 被害について知っておいてほしいこと

- 心理的な部分をもっと勉強してほしいです。私も、「DV＝殴られて傷が身体にあること」、って思っていたのですが、体の傷が証拠になるとかではないのです。両親のケンカをみているのも、子どもにとっては傷になってしまっているし、虐待だし。子どもの体に傷はなくても、見ていたから。親がなぐられているのを見ていただけでも、子どもは面前DV被害を受けてしまっていることを知ってほしい。子どもには手は出してないけど、見ていて泣いていたりしました。（Aさん）

- DV被害を受けている人は、調停などにかかわるすごいストレスで疲れていること、この先どうなっていくのかと不安なこと、事務手続きとかも大変なことを、理解してほしい。面会交流の前後は、母子ともに不安になることをわかっていてくれたら、ちょっと違うのかなと思う。私も面会交流の前後は不安定になることが経験してわかったので、そういうことも知っていてくれると、子どもとの接し方とかも変わるのかなと思います。（Bさん）

- 保育園の先生も、勉強会などでDVについて学ぶ機会があると良いと思います。被害に遭っている親からは、詳細に話せないこともあると思うので、勉強会などで、DVとはどのようなものか、その環境にいる親子は、どのような心理状態にあるのかなど、知識としてもっていていただけると良いと思う。クラスの中にそのような親子がいた場合、「もしかしてそうかも」と、気づくこともできるのではないでしょうか。（Cさん）

- ふつうのお子さんができることがやっぱりできないことや、問題行動が出てくる。目先のことではなくて、見えない部分の深いところ、原因は知らなくても、何かあったのだろうという、そういう配慮はほしい。うわべだけで見て、「この子はできない」というレッテルを貼るのではなく、「この行動の背後にはそうなる環境がある」というか、こういうことが起きているという背景には、「何かあるのかな」と察するくらいの配慮をもってほしい。知識も無いと、毎日、子どもと接しているなかで、ひずみができてしまうのではないか。（Dさん）

■ DVは直接的なものではなく、面前DVもあるということ。肉体的なものだけでなく、精神的なものもあるということ。それによる影響が子どもにも出て、発達にも影響があるということ。状況が落ち着いたことで、DVの影響が、後から出て来る場合があること。（Eさん）

■ 子どもの体にアザがあったりしたときに、保育士さんから母親に聞いて、できれば、児童相談所とかに連絡をしてほしい。そうすれば、母親も逃げる決心がつく（第3者の見解がほしい、母親だけだと思い切りがつかない）。また、最近は少なくなっていると思うけど、（運動会などの競技などで）お父さん参加のイベントはキツイです。

　あと、学校のスクールカウンセラー役みたいな人が保育園にいてくれるとよい。全体が見える人がいると、つながりがわかる。保健師さんみたいな役割になると思うけど、主任保育士だけでもいいから、そういう役割を担える人、いろいろなDV被害家庭支援ができる人を園に配置してくれていると、母親は自分で説明しなくてすむため、心身の負担が和らぐ。理解してもらえなかったらどうしようという心配があるから。（Fさん）

■ 保育士さんから、「○○君が、お友達のことを叩いちゃいました」という報告を受けたとき、叩いてしまったことだけを伝えられると、混乱したままでしか受け取れない。どんな場面で、どんな状況で、という丁寧な説明を、保育士さんからしてほしい。母親側は、保育士さんは子どもの専門家だと思っているから、何でも話そうと思うのだけど、DV家庭のことをわかってないため、疲れてしまうだけだから、もう、言わなくなる。言ってもしょうがないと思ってしまう。

　保育園という仕組みの中でくくられているから、個別性ということには対応してもらえない。わかる保育士さんと、わからない保育士さんがいるから、わかる保育士さんに話したいと母親は思うのだけど、窓口になる保育士の先生には、DVのこととか知っておいてほしいよね。

　あと、自分の子どもに気をつけてほしいことは、紙に書いて、情報として渡しておくと良いと思う。母親側も「わ〜」と文句を言うだけでなく、情報として知っておいてほしいことをまとめて書いて渡しておくと、共有されると思

う。早番や遅番が保育士さんにはあるから。

　あと、親子行事だよね。うちなんて母子家庭で年子だったから、保育士さんに頼んで入ってもらったけれど、その辺、保育園側から、さらっとしてもらえるとありがたい。(Gさん)

　7名の母親の「保育士さんに、DV被害について知っておいてほしいこと」は、ほぼ共通していて、DVの暴力の種類、面前DV、DV被害が及ぼす影響、などが挙げられます。そこで、これらのことについて、次章から解説をしていきます。

第2章　ドメスティック・バイオレンス (DV) 被害について

1. ドメスティック・バイオレンス (DV) とは何か？

> ドメスティック・バイオレンス（Domestic Violence）を略して「DV」と呼ばれることもあります。Domestic とは「家庭内の」という意味で、親しい関係の時に使われています。明確な定義はなく、一般的には「配偶者や恋人など親密な関係にある、またはあった者から振るわれる暴力」という意味で使用されることが多いようです。
>
> ・暴力を振るう人は、親しい関係になればなるほど感情が強くなり、暴力の質が大きくなることが多い。
> （例）結婚すれば、落ち着くので、暴力は無くなると思ったら、反対にひどくなった。
> ・普通の人は親しい関係になればなるほど、優しい感情が強くなります。

> ➤ **ドメスティック・バイオレンス(Domestic Violence)とは何か？**
>
> • Domestic Violenceを略して「DV」と呼ばれることもある。Domesticとは「家庭内の」という意味で、親しい関係の時に、使われている。
>
> 明確な定義はなく、一般的には
> 「配偶者や恋人など親密な関係にある、又はあった者から振るわれる**暴力**」という意味で使用されることが多い。
> ・暴力を振るう人は、親しい関係になればなるほど、感情が強くなり、暴力の質が大きくなる事が多い。
> 　（例）結婚すれば、落ち着くので、暴力は無くなると思ったら、反対にひどくなった。
> ・普通の人は親しい関係になればなるほど、優しい感情が強くなる。

2．DVで起きる暴力とは、どのようなものか？

暴力には種類があり、内閣府が定義している4種類の暴力について紹介します。DV被害を受けた親子は、本当に、このような暴力を経験しています。

身体的暴力： 殴る、蹴る、胸ぐらをつかむ、首を絞める、物を投げつける、髪を持って引きずる、薬物やアルコールの強要等。このようなおどしの行為は、DVの被害者のほとんどが、経験しています。

性　暴　力： 性行為を強要する、避妊しないなど。

精神的暴力： 大声で怒鳴りつける、皆の前で恥をかかせる、バカにする、家族や友達に会わせない（友人や家族から隔離するために、友人や家族の悪口を言うことが多い）、許可無しに行動させない、当たらないように物を投げつける、無視、眠らせない、「お前がおかしい」と言う、ストーカー行為、舌打ち、スマホをチェックする。

経済的暴力： お金を巻き上げられる、貸したお金を返さない、働くことが許されない、いつもおごらされる。

暴力の種類 - 1

- **身体的暴力：**
  殴る、蹴る、胸ぐらをつかむ、首を絞める、物を投げつける、髪を持って引きずる、タバコの火を押しつける、凶器を使う、薬物やアルコールの強要 等

- **性暴力：**
  性行為を強要する、避妊しない

内閣府HPより

暴力の種類 - 2

- **精神的暴力：**
  大声で怒鳴りつける、皆の前で恥をかかせる、バカにする、家族や友達に会わさない、許可無しに行動させない、当たらないように物を投げつける、無視、眠らせない、「お前がおかしい」と言う、ストーカー行為、舌打ち、スマホのチェック。

- **経済的暴力：**
  お金を巻き上げられる、貸したお金を返さない、働くことが許されない、いつもおごらされる。

内閣府HPより

3．DVで起きている暴力にはサイクルがある

　多くのDV被害を受けた人が、「このサイクルを知っていれば、未然に防げたのに」と、後悔しています。

　爆発期では暴力がおこります。暴力を振るう人はその結果、スッキリするために、その後謝ったり、急にやさしくなります。これを、**ハネムーン期**と言います。しかし、その行為はイライラの**蓄積**になり、また暴力が起きます。暴力の質は、回を重ねるごとに大きくなり、またすぐに優しくなる行為に入ります。そして、またイライラが蓄積されていきます。
　これらのサイクルは、最初は1ヶ月に1回の暴力から、2週間に1回、さらに1週間に1回、1日置きなど、ペースも速くなり、暴力の質も大きくなるため、被害者はサイクルに巻き込まれて逃げられなくなります。暴力により、無力感を植えつけられていくのです。
　下図はアメリカの心理学者Lenore E. Walker氏が考案した図式です。

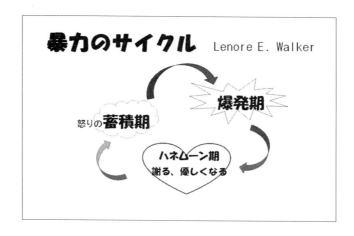

4. DV被害を受けている人は、身近にたくさんいる

DVは身近で起こり、誰にでも起こり得ることが、2018年の内閣府の統計からわかります。被害者の誰もが「まさか、自分が被害者になるとは思わなかった」と言います。そういうものです。

DVの被害経験者の割合
女性の31.3%（3人中1人）、男性の19.9%（5人中1人）が、配偶者から1度でもひどい暴力を受けたことがあります。（2018内閣府調査結果　5000人無作為配布、67.5%有効回収）
10歳代～30歳代で、女性は21.4%（5人中1人）、男性は11.5%（9人中1人）が、交際相手からひどい暴力を受けたことがあります。（2018内閣府調査結果　10代～30代に交際相手がいた1,833人　女性969人、男性864人対象）

> **DVの被害経験者**
- 女性の31.3%（3人中1人）、男性の19.9%（5人中1人）が、配偶者から1度でもひどい暴力を受けたことがある。
  （2018 内閣府調査結果　5000人無作為配布）
- 10歳代～30歳代で、女性は21.4%（5人中1人）、男性は11.5%（9人中1人）が交際相手から1度でもひどい暴力を受けた事がある。
  （2018 内閣府調査結果　10代～30代に交際相手がいた1,833人　女性969人、男性864人対象）

とても身近な問題。気づくことが大切。

5. 面前DVとは何か？

　父親が母親（または母親が父親）に身体的な暴力を振るったり、言葉の暴力を浴びせている様子を、子どもが目の前で見たり、聞いたりしなければならない状況にあることを、面前DVと言います。被害者が、「子どもには優しい父親(または母親)なのです」と言って、別居、離婚することを躊躇することがありますが、面前DVの被害を受けている子どもたちの脳にも悪影響があることを、2012年に米国の研究チーム（Tomoda Aら）が発表しています。

　子ども時代に継続的に両親のDVを目撃した若い成人23名は、健常群65名に比べて、後頭葉の視覚野の容量が6.1％減少していました。その中でも、身体的DVの目撃者は3.2％の減少でしたが、言葉のDVを聞いて育った人は19.8％も減少していました。要するに、言葉の暴力を聞かされている子どもほど、脳に悪影響が出てしまうということです。

　また、11歳から13歳の時期に親のDVを目撃した人の脳（後頭葉）が、もっとも容積が減少していました。このことから、DVを受けているのであれば、子どもへの悪影響も考えて、別離の決断は子どもが小さい頃の方が良いと言えます。

面前DV目撃による影響　1

子ども時代に継続的に、両親のDVを目撃した(平均4.1年間)若い成人23名は、健常群65名に比べて、
　後頭葉の視覚野(物をみて、その情報が最初に入る所)の容積が、**6.1％容積が減少していた。**
　そのなかでも、
身体的DVの目撃は3.2％、言葉のDVの目撃は19.8％の減少がみられた。

　特に11歳～13歳の時期に親のDVを目撃した人が後頭葉の容積が減少していた。

Tomoda A.,Polcari A.,Anderson C.M.& Teicher M.H.: Reduced Visual Cortex Gray Matter Volume and Thickness in Young Adults who Witnessed Domestic Violence during Childhood (2012)

また、米国の研究チーム(Tomodaら)は、ハーバード大学の女子学生を対象に、面前DV家庭群と健常群で、知能検査、記憶検査、学力検査を実施し、比較をしました。その結果、両群の学力検査得点は同じでしたが、知能指数(IQ)が平均10点、記憶検査は平均8点、面前DVで育った女子学生の方が低い結果が得られました。知能指数(IQ)が10点低いということや、記憶検査で8点低いということは、学力検査得点は30点くらい低いというのが通常なのです。

　この結果から考えられことは、**面前DVは、①子どもの知能や記憶に悪影響を及ぼす、②面前DV家庭の子どもは、自分が良い子で、良い成績をとれば、両親のケンカはなくなるだろうと信じ、一生懸命に努力をしている、ということです。**

　DV家庭の子どもが不登校になる理由は、さぼっているのではなく、努力をしすぎて疲れてしまい、燃え尽きてしまうのです。DV被害から逃げて、落ち着いた頃に不登校になったりするのも、安心したら「どっと疲れがでる」という状況なのを、覚えていてください。

　また、米国の一流大学であるハーバード大学の学生の家庭にも、DV家庭はあることから、どのような家庭でも起こり得ることだと言えるでしょう。

面前DV目撃による影響　2

ハーバード大学の女子学生を対象とした調査で面前DV家庭群と健常群に、WAIS知能検査、記憶検査とWoodcok－Johnson学力検査を実施したところ、<u>学力検査には差がでなかったが</u>、知能検査で知能指数(IQ)が平均10点、記憶検査では平均8点、DV目撃群が、有意に低かった。

面前DV家庭群は、IQや記憶力が低いながらも、学力を**努力**で補っている。<u>燃え尽きる</u>ことが多い。

Tomoda A.,Polcari A.,Anderson C.M.& Teicher M.H.: Reduced Visual Cortex Gray Matter Volume and Thickness in Young Adults who Witnessed Domestic Violence during Childhood (2012)

6. 面前DVによる脳の傷は治らないのか？

言葉でのDVを目撃した人の後頭葉の容量は19.8%も減少している結果から、「その傷は治るのか？」と心配になると思います。子どもを対象とした研究はまだ行われていませんが、大人の研究はオランダやアメリカで行われています。トラウマを負った男性の前帯状回（前頭葉の一部）が認知行動療法で回復をした事例（オランダ、2008）、PTSDを負った患者の海馬が薬物療法で回復した事例（アメリカ、2008）が報告されています。

これらの結果から、友田（2017）は、「大人でも希望があるのだから、子どもの脳も適切なケアを行えば、傷つきやすい分だけ、回復への柔軟性も高いのではないか。早期対応が必要」と考察しています。20代後半まで脳は成熟することから、成熟しているうちに、治療をする必要があります。

脳の傷は治らないのか？
- 子どもの研究は行われていない。
- 大人の研究

トラウマと関係が深い「慢性疲労症候群」の男性に認知行動療法を行ったところ、9か月で萎縮状態にあった大脳辺縁系「前帯状回」の容積が回復した。
(De Lange F.P.ら オランダ2008, Increase in prefrontal cortical following cognitive behavioural therapy in patients with chronic fatigue syndrome.)

薬物療法によりPTSDの患者の海馬の容積が回復した。(Bremner J.D.ら アメリカ2008.)
Structural and functional plasticity of the human brain in posttraumatic stress disorder)

⇩

大人でも希望があるのだから子どもの脳も適切な治療とケアを行えば、傷つきやすい分だけ回復への柔軟性も高いのではないか。早期の対応が必要。20代後半まで脳は成熟する(友田明美、子どもの脳を傷つける親たち)

7. DV被害から受けた心の傷

面前DVは、心にも傷が残ります。心の傷というのは、目に見えるものではない分だけ重いのです。どのくらい心に傷がついているかを測ることができないため、回復も難しいです。

私たち人間は、子ども時代に受けたトラウマ（面前DV、いじめ、虐待）など、すべて、自分の身体の中に冷凍保存しています。そうしないと苦しくなってしまいます。しかし、同じような場面を体験したりすると、昔の辛い記憶や感覚、感情が急によみがえってきます。これを**フラッシュバック**と言います。苦しいために、急いで、また冷凍保存をします。

この冷凍保存を繰り返していると、身体や心の苦しさは増していきます。そこで、フラッシュバックが起きたときに、「これがトラウマだ」と気づくことが大切です。そして信頼できる人や、カウンセリングに通ったりして、少しずつ語って、冷凍保存されている辛い出来事を、外に吐き出していく必要があります。DV被害家庭の子どもや親が、状況が落ち着いているにも関わらず、心の病に陥るのは、落ち着いた頃にフラッシュバックが起き始めるからです。非常事態のときは無我夢中で、トラウマに向き合う余裕もないのです。

DV被害から受けた心の傷 トラウマの症状と回復

- 子ども時代に受けたトラウマは、冷凍された記憶
  何かが引き金（同じ場面を体験するなど）になって、急に、感覚、感情、思考がよみがえる。

「フラッシュバック」
⇩

これが起きると苦しさが増す。急いで冷凍する（回避、抑圧、解離）。
⇩

繰り返すと悪化する。少しずつ溶かす（カウンセリングなどで語る）。

8.「過去の心の傷」は治らない。「傷に影響を受ける今」と折り合いをつけて、変えていく。

　子ども時代に虐待や面前DVなどを受けると、「心が傷ついている」と表現されます。このような出来事を、無理やり忘れようとするのは危険です。トラウマというのは追いかけてくるものです。だからと言って、「麻痺（感じなくて済む）」したり、「解離（それが自分ではないようにすることで自分を守ろうとする）」するのは、一時しのぎにはななりますが、感情調整が難しくなり、自己破壊的な行動に向かいやすくなります。

　苦しさがこみあげてきたとき、「これがトラウマ症状だ！」と気づくことが大切です。そしてその時に、自分に安全感を取り入れていく方法を探しておいてください。簡単な方法としては、深呼吸があります。「今、ここを豊かにする」方法を考えてください。「お風呂にゆっくり入る」、あるいは昼寝、運動など、いろいろな方法が考えられます。

　面前DV被害を受けた子どもたちにも、「背中をさする」など、どんな方法が安心できるのか、聞いておくと良いと思います。

「過去の心の傷」は治らない。
「傷に影響を受ける今」と折り合いをつける。

「麻痺（感じなくて済む）」、「解離（それが自分ではないようにすることで自分を守ろうとする）」のは一時しのぎにはなるが、感情調節が難しくなり、自己破壊的な行動をしてしまう。

「これがトラウマ症状だ！」と気づくことが大切

自分を楽に大切にする。「今、ここ」を豊かにする。「はく息、吸う息」に注意を向ける。リラクゼーション、マッサージ、汗をながす運動など。

「安全感を取り入れていく」

アルコール、たばこ、薬物、仕事などに依存することはダメ！

9．ひとりぼっちではない！

　DV家庭の子どもや虐待を受けた子ども、DV被害を受けた人は、身近な人から裏切られているため、「誰も助けてくれない」、「誰も信用できない」、「誰も頼れない」という感覚を持っています。さらに「これ以上、裏切られたくない」という感覚から、優しくしてくれる人に、わざと嫌がらせや挑発行動をして、自分から離れようとする子どもは、とても多いのです。大人になっても同じことを繰り返し、健康的なパートナーシップが築けない、友人とも関係性を築くことに失敗をしてしまうこともあります。

　安全・安心な人とつながり、「助けて」と言えるように、子どもたちに練習をさせてあげることが必要でしょう。安全・安心な関係を作る練習は、同年代が集まる保育園、学校などが効果的です。

　また保育園、学校でトラウマの再演をはじめる子どももいます。家庭内で「支配―被支配」の関係にあったため、学校内でも「支配（いじめ）―被支配（いじめられ）」の役割の中に入りこみやすくなります。このような場面がDV家庭の子どもさんに見られたときは、保育士さんや学校の先生は、注意をしていく必要があります。

　また、DV被害者の方も「支配―被支配」の関係になじんでいるため、同じように加害的な人に、再び、近づいてしまうことがあります。反対に加害的な行動に走る人もいます。優しく話を聞いてくれる保育士さんや学校の先生に、支配的な言葉を浴びせてしまうということも、たびたび耳にします。

　最後に、「DV被害は誰にでも起こり得ること」ですが、原因は、「支配―被支配」関係が影響していることが考えられます。このパワーゲーム「支配―被支配」の関係になじんでいる人は、要注意です。生まれ育った家庭が、何らかの「支配―被支配」の関係が強い家族だった人は、DV被害に巻き込まれやすくなります。しかし、自分の家族の中に「支配―被支配」の関係があることに気づいて、ケアを受

けたり、自分で勉強をしたりしている人は、自分自身を大切にすることができて注意深くなるので、「被害―加害」の関係に巻き込まれなくなります。気づいて、じっくり見つめてみることが大切なのです。

DV被害者の中にも「自分の原家族は、暴力的なことは無かったのに」と言う方もいます。本当にそうなのかもしれないし、気づいていないのかもしれません。いや、気づいてしまったら辛くなるので、あえて、見ようとしていないのかもしれません。気づいているか、気づいていないかで、答えも変わってくるので、統計の調査などをすることはできませんが、自分を大切にしていくためにも、一つの原因として知っておいてほしいことです。

保育士さんや学校の先生は、DV被害を受けた保護者への対応に戸惑うこともあると思います。そんな時、保護者の方も、助けを求めることができる肉親がいないかもしれないことに、気づいてあげていただきたく思います。

ひとりぼっちではない！

親からの虐待や、DVを受けた人は、身近な人から裏切られているため、「誰も助けてくれない」、「誰も信用できない」、「誰も頼れない」という感覚を持っている。さらに、「これ以上、裏切られたくない」という感覚から、わざと他人に嫌がらせをして、離れようとする子供は、とても多いです。

安全・安心な人とつながり、「助けて」と言えるようになることが大事。安全・安心な関係を作る練習は、同年代が集まる、保育園、学校などで、同等な関係を築く練習をすることが効果的です。関係は一歩ずつ！

トラウマの再演とは何か？
DV被害者は、離婚しても、また、同じように暴力的な人に近づいてしまうことが多い。あるいは、逆に、自分が加害的になってしまうこともある。「支配―被支配」のパワーゲームにはまりやすい。DV家庭の子どもが学校で「支配（いじめ）―被支配（いじめられ）」のパワーゲームにはまりやすくなることにも注意！

おわりに

　7名のお子さんを持つ、DV被害女性の皆様には、快く、インタビュー調査を引き受けてくださったことに感謝を申し上げます。
　今後、保育、教育現場で、DV被害についての理解が深まることを願いつつ、研究を進めていきたいと思います。

著者プロフィール

須賀朋子（すが　ともこ）

筑波大学大学院人間総合科学研究科ヒューマン・ケア科学社会精神保健学分野を 2015 年 2 月に早期修了。博士（学術）。
東京都公立中学校の教員として 19 年間勤務する。その後、ドメスティック・バイオレンスの研究をするために退職して博士論文執筆に専念。2014 年に国立茨城工業高等専門学校人文科学科講師を経て、2015 年から、酪農学園大学教職センター准教授に就任し、現在に至る。専門は DV、特別支援教育。

2013 年度　日本女性学習財団奨励賞受賞
2014 年度　性の健康医学財団賞受賞
著書に『中学生へのドメスティック・バイオレンス予防啓発に関する研究』（風間書房 2015）、『授業で活用できる高校生のための DV、デート DV 予防教育プログラム』（かりん舎 2017）がある。

保育士、教員が
DV 被害を受けた親子を
理解するための本

著　者	須賀朋子	
表紙装画	チアキ（ぷるすあるは）	
発 行 日	2018 年 6 月 1 日　初版	
	2018 年 12 月 15 日　2 刷発行	
発 行 者	坪井圭子	
発 行 所	有限会社かりん舎	
	札幌市豊平区平岸 3 条 9 丁目 2-5-801	
	TEL. 011-816-1901　FAX. 011-816-1903	

ISBN978-4-902591-32-3